CW00470190

CARNET DE MOTS DE PASSE A5

JOURNAL D'ADRESSES DE SITES WEB ET DE MOTS DE PASSE
98 PAGES

HORKO

A

Site Web :
Adresse :
Nom D'utilisateur :
E-Mail utilisé :
Mot de passe :
Question secrète / notes :

Site Web :
Adresse :
Nom D'utilisateur :
E-Mail utilisé :
Mot de passe :
Question secrète / notes :

Site Web :
Adresse :
Nom D'utilisateur :
E-Mail utilisé :
Mot de passe :
Question secrète / notes :

Site Web :

Adresse :

Nom D'utilisateur :

E-Mail utilisé :

Mot de passe :

Question secrète / notes :

Site Web :

Adresse :

Nom D'utilisateur :

E-Mail utilisé :

Mot de passe :

Question secrète / notes :

Site Web :

Adresse :

Nom D'utilisateur :

E-Mail utilisé :

Mot de passe :

Question secrète / notes :

A

Site Web :
Adresse :
Nom D'utilisateur :
E-Mail utilisé :
Mot de passe :
Question secrète / notes :

Site Web :
Adresse :
Nom D'utilisateur :
E-Mail utilisé :
Mot de passe :
Question secrète / notes :

Site Web :
Adresse :
Nom D'utilisateur :
E-Mail utilisé :
Mot de passe :
Question secrète / notes :

Site Web :

Adresse :

Nom D'utilisateur :

E-Mail utilisé :

Mot de passe :

Question secrète / notes :

Site Web :

Adresse :

Nom D'utilisateur :

E-Mail utilisé :

Mot de passe :

Question secrète / notes :

Site Web :

Adresse :

Nom D'utilisateur :

E-Mail utilisé :

Mot de passe :

Question secrète / notes :

B

Site Web :
Adresse :
Nom D'utilisateur :
E-Mail utilisé :
Mot de passe :
Question secrète / notes :

Site Web :
Adresse :
Nom D'utilisateur :
E-Mail utilisé :
Mot de passe :
Question secrète / notes :

Site Web :
Adresse :
Nom D'utilisateur :
E-Mail utilisé :
Mot de passe :
Question secrète / notes :

B

Site Web :

Adresse :

Nom D'utilisateur :

E-Mail utilisé :

Mot de passe :

Question secrète / notes :

Site Web :

Adresse :

Nom D'utilisateur :

E-Mail utilisé :

Mot de passe :

Question secrète / notes :

Site Web :

Adresse :

Nom D'utilisateur :

E-Mail utilisé :

Mot de passe :

Question secrète / notes :

B

Site Web :
Adresse :
Nom D'utilisateur :
E-Mail utilisé :
Mot de passe :
Question secrète / notes :

Site Web :
Adresse :
Nom D'utilisateur :
E-Mail utilisé :
Mot de passe :
Question secrète / notes :

Site Web :
Adresse :
Nom D'utilisateur :
E-Mail utilisé :
Mot de passe :
Question secrète / notes :

| **Site Web :** |
| **Adresse :** |
| **Nom D'utilisateur :** |
| **E-Mail utilisé :** |
| **Mot de passe :** |
| **Question secrète / notes :** |
| |

| **Site Web :** |
| **Adresse :** |
| **Nom D'utilisateur :** |
| **E-Mail utilisé :** |
| **Mot de passe :** |
| **Question secrète / notes :** |
| |

| **Site Web :** |
| **Adresse :** |
| **Nom D'utilisateur :** |
| **E-Mail utilisé :** |
| **Mot de passe :** |
| **Question secrète / notes :** |
| |

C

Site Web :
Adresse :
Nom D'utilisateur :
E-Mail utilisé :
Mot de passe :
Question secrète / notes :

Site Web :
Adresse :
Nom D'utilisateur :
E-Mail utilisé :
Mot de passe :
Question secrète / notes :

Site Web :
Adresse :
Nom D'utilisateur :
E-Mail utilisé :
Mot de passe :
Question secrète / notes :

C

Site Web :

Adresse :

Nom D'utilisateur :

E-Mail utilisé :

Mot de passe :

Question secrète / notes :

Site Web :

Adresse :

Nom D'utilisateur :

E-Mail utilisé :

Mot de passe :

Question secrète / notes :

Site Web :

Adresse :

Nom D'utilisateur :

E-Mail utilisé :

Mot de passe :

Question secrète / notes :

C

Site Web :
Adresse :
Nom D'utilisateur :
E-Mail utilisé :
Mot de passe :
Question secrète / notes :

Site Web :
Adresse :
Nom D'utilisateur :
E-Mail utilisé :
Mot de passe :
Question secrète / notes :

Site Web :
Adresse :
Nom D'utilisateur :
E-Mail utilisé :
Mot de passe :
Question secrète / notes :

C

Site Web :

Adresse :

Nom D'utilisateur :

E-Mail utilisé :

Mot de passe :

Question secrète / notes :

Site Web :

Adresse :

Nom D'utilisateur :

E-Mail utilisé :

Mot de passe :

Question secrète / notes :

Site Web :

Adresse :

Nom D'utilisateur :

E-Mail utilisé :

Mot de passe :

Question secrète / notes :

D

Site Web :

Adresse :

Nom D'utilisateur :

E-Mail utilisé :

Mot de passe :

Question secrète / notes :

Site Web :

Adresse :

Nom D'utilisateur :

E-Mail utilisé :

Mot de passe :

Question secrète / notes :

Site Web :

Adresse :

Nom D'utilisateur :

E-Mail utilisé :

Mot de passe :

Question secrète / notes :

Site Web :

Adresse :

Nom D'utilisateur :

E-Mail utilisé :

Mot de passe :

Question secrète / notes :

Site Web :

Adresse :

Nom D'utilisateur :

E-Mail utilisé :

Mot de passe :

Question secrète / notes :

Site Web :

Adresse :

Nom D'utilisateur :

E-Mail utilisé :

Mot de passe :

Question secrète / notes :

D

Site Web :
Adresse :
Nom D'utilisateur :
E-Mail utilisé :
Mot de passe :
Question secrète / notes :

Site Web :
Adresse :
Nom D'utilisateur :
E-Mail utilisé :
Mot de passe :
Question secrète / notes :

Site Web :
Adresse :
Nom D'utilisateur :
E-Mail utilisé :
Mot de passe :
Question secrète / notes :

Site Web :

Adresse :

Nom D'utilisateur :

E-Mail utilisé :

Mot de passe :

Question secrète / notes :

Site Web :

Adresse :

Nom D'utilisateur :

E-Mail utilisé :

Mot de passe :

Question secrète / notes :

Site Web :

Adresse :

Nom D'utilisateur :

E-Mail utilisé :

Mot de passe :

Question secrète / notes :

E

Site Web :
Adresse :
Nom D'utilisateur :
E-Mail utilisé :
Mot de passe :
Question secrète / notes :

Site Web :
Adresse :
Nom D'utilisateur :
E-Mail utilisé :
Mot de passe :
Question secrète / notes :

Site Web :
Adresse :
Nom D'utilisateur :
E-Mail utilisé :
Mot de passe :
Question secrète / notes :

Site Web :

Adresse :

Nom D'utilisateur :

E-Mail utilisé :

Mot de passe :

Question secrète / notes :

Site Web :

Adresse :

Nom D'utilisateur :

E-Mail utilisé :

Mot de passe :

Question secrète / notes :

Site Web :

Adresse :

Nom D'utilisateur :

E-Mail utilisé :

Mot de passe :

Question secrète / notes :

E

Site Web :
Adresse :
Nom D'utilisateur :
E-Mail utilisé :
Mot de passe :
Question secrète / notes :

Site Web :
Adresse :
Nom D'utilisateur :
E-Mail utilisé :
Mot de passe :
Question secrète / notes :

Site Web :
Adresse :
Nom D'utilisateur :
E-Mail utilisé :
Mot de passe :
Question secrète / notes :

E

Site Web :

Adresse :

Nom D'utilisateur :

E-Mail utilisé :

Mot de passe :

Question secrète / notes :

Site Web :

Adresse :

Nom D'utilisateur :

E-Mail utilisé :

Mot de passe :

Question secrète / notes :

Site Web :

Adresse :

Nom D'utilisateur :

E-Mail utilisé :

Mot de passe :

Question secrète / notes :

F

Site Web :

Adresse :

Nom D'utilisateur :

E-Mail utilisé :

Mot de passe :

Question secrète / notes :

Site Web :

Adresse :

Nom D'utilisateur :

E-Mail utilisé :

Mot de passe :

Question secrète / notes :

Site Web :

Adresse :

Nom D'utilisateur :

E-Mail utilisé :

Mot de passe :

Question secrète / notes :

F

Site Web :

Adresse :

Nom D'utilisateur :

E-Mail utilisé :

Mot de passe :

Question secrète / notes :

Site Web :

Adresse :

Nom D'utilisateur :

E-Mail utilisé :

Mot de passe :

Question secrète / notes :

Site Web :

Adresse :

Nom D'utilisateur :

E-Mail utilisé :

Mot de passe :

Question secrète / notes :

F

Site Web :
Adresse :
Nom D'utilisateur :
E-Mail utilisé :
Mot de passe :
Question secrète / notes :

Site Web :
Adresse :
Nom D'utilisateur :
E-Mail utilisé :
Mot de passe :
Question secrète / notes :

Site Web :
Adresse :
Nom D'utilisateur :
E-Mail utilisé :
Mot de passe :
Question secrète / notes :

Site Web :
Adresse :
Nom D'utilisateur :
E-Mail utilisé :
Mot de passe :
Question secrète / notes :

Site Web :
Adresse :
Nom D'utilisateur :
E-Mail utilisé :
Mot de passe :
Question secrète / notes :

Site Web :
Adresse :
Nom D'utilisateur :
E-Mail utilisé :
Mot de passe :
Question secrète / notes :

G

Site Web :

Adresse :

Nom D'utilisateur :

E-Mail utilisé :

Mot de passe :

Question secrète / notes :

Site Web :

Adresse :

Nom D'utilisateur :

E-Mail utilisé :

Mot de passe :

Question secrète / notes :

Site Web :

Adresse :

Nom D'utilisateur :

E-Mail utilisé :

Mot de passe :

Question secrète / notes :

Site Web :

Adresse :

Nom D'utilisateur :

E-Mail utilisé :

Mot de passe :

Question secrète / notes :

Site Web :

Adresse :

Nom D'utilisateur :

E-Mail utilisé :

Mot de passe :

Question secrète / notes :

Site Web :

Adresse :

Nom D'utilisateur :

E-Mail utilisé :

Mot de passe :

Question secrète / notes :

G

Site Web :
Adresse :
Nom D'utilisateur :
E-Mail utilisé :
Mot de passe :
Question secrète / notes :

Site Web :
Adresse :
Nom D'utilisateur :
E-Mail utilisé :
Mot de passe :
Question secrète / notes :

Site Web :
Adresse :
Nom D'utilisateur :
E-Mail utilisé :
Mot de passe :
Question secrète / notes :

Site Web :

Adresse :

Nom D'utilisateur :

E-Mail utilisé :

Mot de passe :

Question secrète / notes :

Site Web :

Adresse :

Nom D'utilisateur :

E-Mail utilisé :

Mot de passe :

Question secrète / notes :

Site Web :

Adresse :

Nom D'utilisateur :

E-Mail utilisé :

Mot de passe :

Question secrète / notes :

H

| Site Web : |
| Adresse : |
| Nom D'utilisateur : |
| E-Mail utilisé : |
| Mot de passe : |
| Question secrète / notes : |
| |

| Site Web : |
| Adresse : |
| Nom D'utilisateur : |
| E-Mail utilisé : |
| Mot de passe : |
| Question secrète / notes : |
| |

| Site Web : |
| Adresse : |
| Nom D'utilisateur : |
| E-Mail utilisé : |
| Mot de passe : |
| Question secrète / notes : |
| |

H

Site Web :

Adresse :

Nom D'utilisateur :

E-Mail utilisé :

Mot de passe :

Question secrète / notes :

Site Web :

Adresse :

Nom D'utilisateur :

E-Mail utilisé :

Mot de passe :

Question secrète / notes :

Site Web :

Adresse :

Nom D'utilisateur :

E-Mail utilisé :

Mot de passe :

Question secrète / notes :

H

Site Web :
Adresse :
Nom D'utilisateur :
E-Mail utilisé :
Mot de passe :
Question secrète / notes :

Site Web :
Adresse :
Nom D'utilisateur :
E-Mail utilisé :
Mot de passe :
Question secrète / notes :

Site Web :
Adresse :
Nom D'utilisateur :
E-Mail utilisé :
Mot de passe :
Question secrète / notes :

Site Web :

Adresse :

Nom D'utilisateur :

E-Mail utilisé :

Mot de passe :

Question secrète / notes :

Site Web :

Adresse :

Nom D'utilisateur :

E-Mail utilisé :

Mot de passe :

Question secrète / notes :

Site Web :

Adresse :

Nom D'utilisateur :

E-Mail utilisé :

Mot de passe :

Question secrète / notes :

I

Site Web :
Adresse :
Nom D'utilisateur :
E-Mail utilisé :
Mot de passe :
Question secrète / notes :

Site Web :
Adresse :
Nom D'utilisateur :
E-Mail utilisé :
Mot de passe :
Question secrète / notes :

Site Web :
Adresse :
Nom D'utilisateur :
E-Mail utilisé :
Mot de passe :
Question secrète / notes :

I

| Site Web : |
| Adresse : |
| Nom D'utilisateur : |
| E-Mail utilisé : |
| Mot de passe : |
| Question secrète / notes : |
| |

| Site Web : |
| Adresse : |
| Nom D'utilisateur : |
| E-Mail utilisé : |
| Mot de passe : |
| Question secrète / notes : |
| |

| Site Web : |
| Adresse : |
| Nom D'utilisateur : |
| E-Mail utilisé : |
| Mot de passe : |
| Question secrète / notes : |
| |

Site Web :

Adresse :

Nom D'utilisateur :

E-Mail utilisé :

Mot de passe :

Question secrète / notes :

Site Web :

Adresse :

Nom D'utilisateur :

E-Mail utilisé :

Mot de passe :

Question secrète / notes :

Site Web :

Adresse :

Nom D'utilisateur :

E-Mail utilisé :

Mot de passe :

Question secrète / notes :

Site Web :

Adresse :

Nom D'utilisateur :

E-Mail utilisé :

Mot de passe :

Question secrète / notes :

Site Web :

Adresse :

Nom D'utilisateur :

E-Mail utilisé :

Mot de passe :

Question secrète / notes :

Site Web :

Adresse :

Nom D'utilisateur :

E-Mail utilisé :

Mot de passe :

Question secrète / notes :

J

Site Web :
Adresse :
Nom D'utilisateur :
E-Mail utilisé :
Mot de passe :
Question secrète / notes :

Site Web :
Adresse :
Nom D'utilisateur :
E-Mail utilisé :
Mot de passe :
Question secrète / notes :

Site Web :
Adresse :
Nom D'utilisateur :
E-Mail utilisé :
Mot de passe :
Question secrète / notes :

Site Web :

Adresse :

Nom D'utilisateur :

E-Mail utilisé :

Mot de passe :

Question secrète / notes :

Site Web :

Adresse :

Nom D'utilisateur :

E-Mail utilisé :

Mot de passe :

Question secrète / notes :

Site Web :

Adresse :

Nom D'utilisateur :

E-Mail utilisé :

Mot de passe :

Question secrète / notes :

J

Site Web :
Adresse :
Nom D'utilisateur :
E-Mail utilisé :
Mot de passe :
Question secrète / notes :

Site Web :
Adresse :
Nom D'utilisateur :
E-Mail utilisé :
Mot de passe :
Question secrète / notes :

Site Web :
Adresse :
Nom D'utilisateur :
E-Mail utilisé :
Mot de passe :
Question secrète / notes :

J

Site Web :

Adresse :

Nom D'utilisateur :

E-Mail utilisé :

Mot de passe :

Question secrète / notes :

Site Web :

Adresse :

Nom D'utilisateur :

E-Mail utilisé :

Mot de passe :

Question secrète / notes :

Site Web :

Adresse :

Nom D'utilisateur :

E-Mail utilisé :

Mot de passe :

Question secrète / notes :

K

Site Web :
Adresse :
Nom D'utilisateur :
E-Mail utilisé :
Mot de passe :
Question secrète / notes :

Site Web :
Adresse :
Nom D'utilisateur :
E-Mail utilisé :
Mot de passe :
Question secrète / notes :

Site Web :
Adresse :
Nom D'utilisateur :
E-Mail utilisé :
Mot de passe :
Question secrète / notes :

Site Web :

Adresse :

Nom D'utilisateur :

E-Mail utilisé :

Mot de passe :

Question secrète / notes :

Site Web :

Adresse :

Nom D'utilisateur :

E-Mail utilisé :

Mot de passe :

Question secrète / notes :

Site Web :

Adresse :

Nom D'utilisateur :

E-Mail utilisé :

Mot de passe :

Question secrète / notes :

K

Site Web :
Adresse :
Nom D'utilisateur :
E-Mail utilisé :
Mot de passe :
Question secrète / notes :

Site Web :
Adresse :
Nom D'utilisateur :
E-Mail utilisé :
Mot de passe :
Question secrète / notes :

Site Web :
Adresse :
Nom D'utilisateur :
E-Mail utilisé :
Mot de passe :
Question secrète / notes :

Site Web :

Adresse :

Nom D'utilisateur :

E-Mail utilisé :

Mot de passe :

Question secrète / notes :

Site Web :

Adresse :

Nom D'utilisateur :

E-Mail utilisé :

Mot de passe :

Question secrète / notes :

Site Web :

Adresse :

Nom D'utilisateur :

E-Mail utilisé :

Mot de passe :

Question secrète / notes :

L

Site Web :
Adresse :
Nom D'utilisateur :
E-Mail utilisé :
Mot de passe :
Question secrète / notes :

Site Web :
Adresse :
Nom D'utilisateur :
E-Mail utilisé :
Mot de passe :
Question secrète / notes :

Site Web :
Adresse :
Nom D'utilisateur :
E-Mail utilisé :
Mot de passe :
Question secrète / notes :

Site Web :

Adresse :

Nom D'utilisateur :

E-Mail utilisé :

Mot de passe :

Question secrète / notes :

Site Web :

Adresse :

Nom D'utilisateur :

E-Mail utilisé :

Mot de passe :

Question secrète / notes :

Site Web :

Adresse :

Nom D'utilisateur :

E-Mail utilisé :

Mot de passe :

Question secrète / notes :

L

Site Web :
Adresse :
Nom D'utilisateur :
E-Mail utilisé :
Mot de passe :
Question secrète / notes :

Site Web :
Adresse :
Nom D'utilisateur :
E-Mail utilisé :
Mot de passe :
Question secrète / notes :

Site Web :
Adresse :
Nom D'utilisateur :
E-Mail utilisé :
Mot de passe :
Question secrète / notes :

L

Site Web :

Adresse :

Nom D'utilisateur :

E-Mail utilisé :

Mot de passe :

Question secrète / notes :

Site Web :

Adresse :

Nom D'utilisateur :

E-Mail utilisé :

Mot de passe :

Question secrète / notes :

Site Web :

Adresse :

Nom D'utilisateur :

E-Mail utilisé :

Mot de passe :

Question secrète / notes :

M

Site Web :
Adresse :
Nom D'utilisateur :
E-Mail utilisé :
Mot de passe :
Question secrète / notes :

Site Web :
Adresse :
Nom D'utilisateur :
E-Mail utilisé :
Mot de passe :
Question secrète / notes :

Site Web :
Adresse :
Nom D'utilisateur :
E-Mail utilisé :
Mot de passe :
Question secrète / notes :

Site Web :

Adresse :

Nom D'utilisateur :

E-Mail utilisé :

Mot de passe :

Question secrète / notes :

Site Web :

Adresse :

Nom D'utilisateur :

E-Mail utilisé :

Mot de passe :

Question secrète / notes :

Site Web :

Adresse :

Nom D'utilisateur :

E-Mail utilisé :

Mot de passe :

Question secrète / notes :

M

Site Web :
Adresse :
Nom D'utilisateur :
E-Mail utilisé :
Mot de passe :
Question secrète / notes :

Site Web :
Adresse :
Nom D'utilisateur :
E-Mail utilisé :
Mot de passe :
Question secrète / notes :

Site Web :
Adresse :
Nom D'utilisateur :
E-Mail utilisé :
Mot de passe :
Question secrète / notes :

Site Web :

Adresse :

Nom D'utilisateur :

E-Mail utilisé :

Mot de passe :

Question secrète / notes :

Site Web :

Adresse :

Nom D'utilisateur :

E-Mail utilisé :

Mot de passe :

Question secrète / notes :

Site Web :

Adresse :

Nom D'utilisateur :

E-Mail utilisé :

Mot de passe :

Question secrète / notes :

N

Site Web :
Adresse :
Nom D'utilisateur :
E-Mail utilisé :
Mot de passe :
Question secrète / notes :

Site Web :
Adresse :
Nom D'utilisateur :
E-Mail utilisé :
Mot de passe :
Question secrète / notes :

Site Web :
Adresse :
Nom D'utilisateur :
E-Mail utilisé :
Mot de passe :
Question secrète / notes :

Site Web :

Adresse :

Nom D'utilisateur :

E-Mail utilisé :

Mot de passe :

Question secrète / notes :

Site Web :

Adresse :

Nom D'utilisateur :

E-Mail utilisé :

Mot de passe :

Question secrète / notes :

Site Web :

Adresse :

Nom D'utilisateur :

E-Mail utilisé :

Mot de passe :

Question secrète / notes :

| Site Web : |
| Adresse : |
| Nom D'utilisateur : |
| E-Mail utilisé : |
| Mot de passe : |
| Question secrète / notes : |
| |

| Site Web : |
| Adresse : |
| Nom D'utilisateur : |
| E-Mail utilisé : |
| Mot de passe : |
| Question secrète / notes : |
| |

| Site Web : |
| Adresse : |
| Nom D'utilisateur : |
| E-Mail utilisé : |
| Mot de passe : |
| Question secrète / notes : |
| |

N

Site Web :

Adresse :

Nom D'utilisateur :

E-Mail utilisé :

Mot de passe :

Question secrète / notes :

Site Web :

Adresse :

Nom D'utilisateur :

E-Mail utilisé :

Mot de passe :

Question secrète / notes :

Site Web :

Adresse :

Nom D'utilisateur :

E-Mail utilisé :

Mot de passe :

Question secrète / notes :

O

Site Web :
Adresse :
Nom D'utilisateur :
E-Mail utilisé :
Mot de passe :
Question secrète / notes :

Site Web :
Adresse :
Nom D'utilisateur :
E-Mail utilisé :
Mot de passe :
Question secrète / notes :

Site Web :
Adresse :
Nom D'utilisateur :
E-Mail utilisé :
Mot de passe :
Question secrète / notes :

Site Web :
Adresse :
Nom D'utilisateur :
E-Mail utilisé :
Mot de passe :
Question secrète / notes :

Site Web :
Adresse :
Nom D'utilisateur :
E-Mail utilisé :
Mot de passe :
Question secrète / notes :

Site Web :
Adresse :
Nom D'utilisateur :
E-Mail utilisé :
Mot de passe :
Question secrète / notes :

O

| Site Web : |
| Adresse : |
| Nom D'utilisateur : |
| E-Mail utilisé : |
| Mot de passe : |
| Question secrète / notes : |
| |

| Site Web : |
| Adresse : |
| Nom D'utilisateur : |
| E-Mail utilisé : |
| Mot de passe : |
| Question secrète / notes : |
| |

| Site Web : |
| Adresse : |
| Nom D'utilisateur : |
| E-Mail utilisé : |
| Mot de passe : |
| Question secrète / notes : |
| |

O

Site Web :
Adresse :
Nom D'utilisateur :
E-Mail utilisé :
Mot de passe :
Question secrète / notes :

Site Web :
Adresse :
Nom D'utilisateur :
E-Mail utilisé :
Mot de passe :
Question secrète / notes :

Site Web :
Adresse :
Nom D'utilisateur :
E-Mail utilisé :
Mot de passe :
Question secrète / notes :

P

Site Web :
Adresse :
Nom D'utilisateur :
E-Mail utilisé :
Mot de passe :
Question secrète / notes :

Site Web :
Adresse :
Nom D'utilisateur :
E-Mail utilisé :
Mot de passe :
Question secrète / notes :

Site Web :
Adresse :
Nom D'utilisateur :
E-Mail utilisé :
Mot de passe :
Question secrète / notes :

Site Web :

Adresse :

Nom D'utilisateur :

E-Mail utilisé :

Mot de passe :

Question secrète / notes :

Site Web :

Adresse :

Nom D'utilisateur :

E-Mail utilisé :

Mot de passe :

Question secrète / notes :

Site Web :

Adresse :

Nom D'utilisateur :

E-Mail utilisé :

Mot de passe :

Question secrète / notes :

P

| Site Web : |
| Adresse : |
| Nom D'utilisateur : |
| E-Mail utilisé : |
| Mot de passe : |
| Question secrète / notes : |
| |

| Site Web : |
| Adresse : |
| Nom D'utilisateur : |
| E-Mail utilisé : |
| Mot de passe : |
| Question secrète / notes : |
| |

| Site Web : |
| Adresse : |
| Nom D'utilisateur : |
| E-Mail utilisé : |
| Mot de passe : |
| Question secrète / notes : |
| |

Site Web :

Adresse :

Nom D'utilisateur :

E-Mail utilisé :

Mot de passe :

Question secrète / notes :

Site Web :

Adresse :

Nom D'utilisateur :

E-Mail utilisé :

Mot de passe :

Question secrète / notes :

Site Web :

Adresse :

Nom D'utilisateur :

E-Mail utilisé :

Mot de passe :

Question secrète / notes :

Q

Site Web :

Adresse :

Nom D'utilisateur :

E-Mail utilisé :

Mot de passe :

Question secrète / notes :

Site Web :

Adresse :

Nom D'utilisateur :

E-Mail utilisé :

Mot de passe :

Question secrète / notes :

Site Web :

Adresse :

Nom D'utilisateur :

E-Mail utilisé :

Mot de passe :

Question secrète / notes :

Site Web :

Adresse :

Nom D'utilisateur :

E-Mail utilisé :

Mot de passe :

Question secrète / notes :

Site Web :

Adresse :

Nom D'utilisateur :

E-Mail utilisé :

Mot de passe :

Question secrète / notes :

Site Web :

Adresse :

Nom D'utilisateur :

E-Mail utilisé :

Mot de passe :

Question secrète / notes :

Q

Site Web :
Adresse :
Nom D'utilisateur :
E-Mail utilisé :
Mot de passe :
Question secrète / notes :

Site Web :
Adresse :
Nom D'utilisateur :
E-Mail utilisé :
Mot de passe :
Question secrète / notes :

Site Web :
Adresse :
Nom D'utilisateur :
E-Mail utilisé :
Mot de passe :
Question secrète / notes :

Site Web :

Adresse :

Nom D'utilisateur :

E-Mail utilisé :

Mot de passe :

Question secrète / notes :

Site Web :

Adresse :

Nom D'utilisateur :

E-Mail utilisé :

Mot de passe :

Question secrète / notes :

Site Web :

Adresse :

Nom D'utilisateur :

E-Mail utilisé :

Mot de passe :

Question secrète / notes :

R

Site Web :

Adresse :

Nom D'utilisateur :

E-Mail utilisé :

Mot de passe :

Question secrète / notes :

Site Web :

Adresse :

Nom D'utilisateur :

E-Mail utilisé :

Mot de passe :

Question secrète / notes :

Site Web :

Adresse :

Nom D'utilisateur :

E-Mail utilisé :

Mot de passe :

Question secrète / notes :

Site Web :

Adresse :

Nom D'utilisateur :

E-Mail utilisé :

Mot de passe :

Question secrète / notes :

Site Web :

Adresse :

Nom D'utilisateur :

E-Mail utilisé :

Mot de passe :

Question secrète / notes :

Site Web :

Adresse :

Nom D'utilisateur :

E-Mail utilisé :

Mot de passe :

Question secrète / notes :

R

Site Web :
Adresse :
Nom D'utilisateur :
E-Mail utilisé :
Mot de passe :
Question secrète / notes :

Site Web :
Adresse :
Nom D'utilisateur :
E-Mail utilisé :
Mot de passe :
Question secrète / notes :

Site Web :
Adresse :
Nom D'utilisateur :
E-Mail utilisé :
Mot de passe :
Question secrète / notes :

Site Web :
Adresse :
Nom D'utilisateur :
E-Mail utilisé :
Mot de passe :
Question secrète / notes :

Site Web :
Adresse :
Nom D'utilisateur :
E-Mail utilisé :
Mot de passe :
Question secrète / notes :

Site Web :
Adresse :
Nom D'utilisateur :
E-Mail utilisé :
Mot de passe :
Question secrète / notes :

S

| Site Web : |
| Adresse : |
| Nom D'utilisateur : |
| E-Mail utilisé : |
| Mot de passe : |
| Question secrète / notes : |
| |

| Site Web : |
| Adresse : |
| Nom D'utilisateur : |
| E-Mail utilisé : |
| Mot de passe : |
| Question secrète / notes : |
| |

| Site Web : |
| Adresse : |
| Nom D'utilisateur : |
| E-Mail utilisé : |
| Mot de passe : |
| Question secrète / notes : |
| |

S

Site Web :

Adresse :

Nom D'utilisateur :

E-Mail utilisé :

Mot de passe :

Question secrète / notes :

Site Web :

Adresse :

Nom D'utilisateur :

E-Mail utilisé :

Mot de passe :

Question secrète / notes :

Site Web :

Adresse :

Nom D'utilisateur :

E-Mail utilisé :

Mot de passe :

Question secrète / notes :

S

Site Web :
Adresse :
Nom D'utilisateur :
E-Mail utilisé :
Mot de passe :
Question secrète / notes :

Site Web :
Adresse :
Nom D'utilisateur :
E-Mail utilisé :
Mot de passe :
Question secrète / notes :

Site Web :
Adresse :
Nom D'utilisateur :
E-Mail utilisé :
Mot de passe :
Question secrète / notes :

Site Web :

Adresse :

Nom D'utilisateur :

E-Mail utilisé :

Mot de passe :

Question secrète / notes :

Site Web :

Adresse :

Nom D'utilisateur :

E-Mail utilisé :

Mot de passe :

Question secrète / notes :

Site Web :

Adresse :

Nom D'utilisateur :

E-Mail utilisé :

Mot de passe :

Question secrète / notes :

T

Site Web :

Adresse :

Nom D'utilisateur :

E-Mail utilisé :

Mot de passe :

Question secrète / notes :

Site Web :

Adresse :

Nom D'utilisateur :

E-Mail utilisé :

Mot de passe :

Question secrète / notes :

Site Web :

Adresse :

Nom D'utilisateur :

E-Mail utilisé :

Mot de passe :

Question secrète / notes :

T

Site Web :

Adresse :

Nom D'utilisateur :

E-Mail utilisé :

Mot de passe :

Question secrète / notes :

Site Web :

Adresse :

Nom D'utilisateur :

E-Mail utilisé :

Mot de passe :

Question secrète / notes :

Site Web :

Adresse :

Nom D'utilisateur :

E-Mail utilisé :

Mot de passe :

Question secrète / notes :

T

Site Web :
Adresse :
Nom D'utilisateur :
E-Mail utilisé :
Mot de passe :
Question secrète / notes :

Site Web :
Adresse :
Nom D'utilisateur :
E-Mail utilisé :
Mot de passe :
Question secrète / notes :

Site Web :
Adresse :
Nom D'utilisateur :
E-Mail utilisé :
Mot de passe :
Question secrète / notes :

Site Web :

Adresse :

Nom D'utilisateur :

E-Mail utilisé :

Mot de passe :

Question secrète / notes :

Site Web :

Adresse :

Nom D'utilisateur :

E-Mail utilisé :

Mot de passe :

Question secrète / notes :

Site Web :

Adresse :

Nom D'utilisateur :

E-Mail utilisé :

Mot de passe :

Question secrète / notes :

U

Site Web :

Adresse :

Nom D'utilisateur :

E-Mail utilisé :

Mot de passe :

Question secrète / notes :

Site Web :

Adresse :

Nom D'utilisateur :

E-Mail utilisé :

Mot de passe :

Question secrète / notes :

Site Web :

Adresse :

Nom D'utilisateur :

E-Mail utilisé :

Mot de passe :

Question secrète / notes :

U

Site Web :

Adresse :

Nom D'utilisateur :

E-Mail utilisé :

Mot de passe :

Question secrète / notes :

Site Web :

Adresse :

Nom D'utilisateur :

E-Mail utilisé :

Mot de passe :

Question secrète / notes :

Site Web :

Adresse :

Nom D'utilisateur :

E-Mail utilisé :

Mot de passe :

Question secrète / notes :

U

| Site Web : |
| Adresse : |
| Nom D'utilisateur : |
| E-Mail utilisé : |
| Mot de passe : |
| Question secrète / notes : |
| |

| Site Web : |
| Adresse : |
| Nom D'utilisateur : |
| E-Mail utilisé : |
| Mot de passe : |
| Question secrète / notes : |
| |

| Site Web : |
| Adresse : |
| Nom D'utilisateur : |
| E-Mail utilisé : |
| Mot de passe : |
| Question secrète / notes : |
| |

Site Web :

Adresse :

Nom D'utilisateur :

E-Mail utilisé :

Mot de passe :

Question secrète / notes :

Site Web :

Adresse :

Nom D'utilisateur :

E-Mail utilisé :

Mot de passe :

Question secrète / notes :

Site Web :

Adresse :

Nom D'utilisateur :

E-Mail utilisé :

Mot de passe :

Question secrète / notes :

V

Site Web :

Adresse :

Nom D'utilisateur :

E-Mail utilisé :

Mot de passe :

Question secrète / notes :

Site Web :

Adresse :

Nom D'utilisateur :

E-Mail utilisé :

Mot de passe :

Question secrète / notes :

Site Web :

Adresse :

Nom D'utilisateur :

E-Mail utilisé :

Mot de passe :

Question secrète / notes :

Site Web :

Adresse :

Nom D'utilisateur :

E-Mail utilisé :

Mot de passe :

Question secrète / notes :

Site Web :

Adresse :

Nom D'utilisateur :

E-Mail utilisé :

Mot de passe :

Question secrète / notes :

Site Web :

Adresse :

Nom D'utilisateur :

E-Mail utilisé :

Mot de passe :

Question secrète / notes :

Site Web :

Adresse :

Nom D'utilisateur :

E-Mail utilisé :

Mot de passe :

Question secrète / notes :

Site Web :

Adresse :

Nom D'utilisateur :

E-Mail utilisé :

Mot de passe :

Question secrète / notes :

Site Web :

Adresse :

Nom D'utilisateur :

E-Mail utilisé :

Mot de passe :

Question secrète / notes :

Site Web :

Adresse :

Nom D'utilisateur :

E-Mail utilisé :

Mot de passe :

Question secrète / notes :

Site Web :

Adresse :

Nom D'utilisateur :

E-Mail utilisé :

Mot de passe :

Question secrète / notes :

Site Web :

Adresse :

Nom D'utilisateur :

E-Mail utilisé :

Mot de passe :

Question secrète / notes :

W

Site Web :

Adresse :

Nom D'utilisateur :

E-Mail utilisé :

Mot de passe :

Question secrète / notes :

Site Web :

Adresse :

Nom D'utilisateur :

E-Mail utilisé :

Mot de passe :

Question secrète / notes :

Site Web :

Adresse :

Nom D'utilisateur :

E-Mail utilisé :

Mot de passe :

Question secrète / notes :

Site Web :

Adresse :

Nom D'utilisateur :

E-Mail utilisé :

Mot de passe :

Question secrète / notes :

Site Web :

Adresse :

Nom D'utilisateur :

E-Mail utilisé :

Mot de passe :

Question secrète / notes :

Site Web :

Adresse :

Nom D'utilisateur :

E-Mail utilisé :

Mot de passe :

Question secrète / notes :

X

Site Web :
Adresse :
Nom D'utilisateur :
E-Mail utilisé :
Mot de passe :
Question secrète / notes :

Site Web :
Adresse :
Nom D'utilisateur :
E-Mail utilisé :
Mot de passe :
Question secrète / notes :

Site Web :
Adresse :
Nom D'utilisateur :
E-Mail utilisé :
Mot de passe :
Question secrète / notes :

X

Site Web :

Adresse :

Nom D'utilisateur :

E-Mail utilisé :

Mot de passe :

Question secrète / notes :

Site Web :

Adresse :

Nom D'utilisateur :

E-Mail utilisé :

Mot de passe :

Question secrète / notes :

Site Web :

Adresse :

Nom D'utilisateur :

E-Mail utilisé :

Mot de passe :

Question secrète / notes :

Y

Site Web :
Adresse :
Nom D'utilisateur :
E-Mail utilisé :
Mot de passe :
Question secrète / notes :

Site Web :
Adresse :
Nom D'utilisateur :
E-Mail utilisé :
Mot de passe :
Question secrète / notes :

Site Web :
Adresse :
Nom D'utilisateur :
E-Mail utilisé :
Mot de passe :
Question secrète / notes :

Site Web :

Adresse :

Nom D'utilisateur :

E-Mail utilisé :

Mot de passe :

Question secrète / notes :

Site Web :

Adresse :

Nom D'utilisateur :

E-Mail utilisé :

Mot de passe :

Question secrète / notes :

Site Web :

Adresse :

Nom D'utilisateur :

E-Mail utilisé :

Mot de passe :

Question secrète / notes :

Z

Site Web :

Adresse :

Nom D'utilisateur :

E-Mail utilisé :

Mot de passe :

Question secrète / notes :

Site Web :

Adresse :

Nom D'utilisateur :

E-Mail utilisé :

Mot de passe :

Question secrète / notes :

Site Web :

Adresse :

Nom D'utilisateur :

E-Mail utilisé :

Mot de passe :

Question secrète / notes :

Site Web :

Adresse :

Nom D'utilisateur :

E-Mail utilisé :

Mot de passe :

Question secrète / notes :

Site Web :

Adresse :

Nom D'utilisateur :

E-Mail utilisé :

Mot de passe :

Question secrète / notes :

Site Web :

Adresse :

Nom D'utilisateur :

E-Mail utilisé :

Mot de passe :

Question secrète / notes :

NOTES

Printed in Great Britain
by Amazon